conhecer &
enfrentar

O ALCOOLISMO

conhecer &
enfrentar

O ALCOOLISMO

Ronaldo Laranjeira
Ilana Pinsky

Copyright© 1997 Ronaldo Laranjeira e Ilana Pinsky
Todos os direitos desta edição reservados à
Editora Contexto (Editora Pinsky Ltda.)

Coleção
Conhecer & Enfrentar

Coordenadores
Dr. Paulo Palma e Dr. Carlos Domene

Projeto gráfico
Tania Ferreira de Abreu

Diagramação
Niulze Aparecida Rosa e Gustavo S. Vilas Boas

Ilustração de capa
Mônica Arghinenti

Preparação de texto
Ana Luiza França

Dados Internacionais de Catalogação na Publicação (CIP)
(Câmara Brasileira do Livro, SP, Brasil)

Laranjeira, Ronaldo e Pinsky, Ilana
O alcoolismo / Ronaldo Laranjeira e Ilana Pinsky. 9.ed. –
São Paulo : Contexto, 2025. – (Conhecer & Enfrentar).

ISBN 978-85-7244-063-9

1. Alcoólatras – Psicologia. 2. Alcoólatras – Reabilitação.
3. Alcoólatras – Relações familiares. 4. Alcoolismo
5. Alcoolismo – Aspectos Sociais.
I. Laranjeira, Ronaldo. II. Título..

97-0564   CDD-616.861
                     NLM-WM 274

Índices para catálogo sistemático:
1. Alcoolismo : Efeitos fisiológicos : Medicina   616.861

2025

EDITORA CONTEXTO
Diretor editorial: *Jaime Pinsky*

Rua Dr. José Elias, 520 – Alto da Lapa
05083-030 – São Paulo – SP
PABX: (11) 3832 5838
contato@editoracontexto.com.br
www.editoracontexto.com.br

Proibida a reprodução total ou parcial.
Os infratores serão processados na forma da lei.

SUMÁRIO

Introdução 7

O que é o alcoolismo? 9

Efeitos das bebidas alcoólicas 23

Prevenção do alcoolismo 31

Tratamento do alcoolismo 45

Resumindo 61

INTRODUÇÃO

O alcoolismo é um grave problema de saúde pública no Brasil, assim como em vários outros países. Estima-se que cerca de 10% da população brasileira seja dependente do álcool, enquanto um número bem maior de pessoas enfrenta problemas relacionados ao consumo excessivo de bebidas alcoólicas, como acidentes de trânsito, situações diversas de violência, perda de emprego etc.

Começa-se a usar bebidas alcoólicas cedo, geralmente entre o início e o meio da adolescência, com o grupo de amigos ou em casa. Você já deve ter percebido, além disso, que os abstêmios – as pessoas que nunca bebem álcool – são minoria. A grande maioria bebe, ou pensa que bebe "socialmente". De fato, o álcool está presente na maioria das ocasiões sociais, tornando-se quase onipresente em situações relacionadas a comemorações, alegria, relaxamento. Mas você já se perguntou sobre o que é um "beber social"? Que limites diferenciam um padrão de uso moderado de um uso inadequado, abusivo? É possível prever se uma dada pessoa vai se tornar dependente do álcool ou trata-se de uma condição que "mostra sua cara" repentinamente, sem aviso?

Essas questões levam a outras que dizem respeito ao efeito do álcool. Provavelmente por ser uma substância tão presente "socialmente", costuma-se "esquecer" que o álcool é uma droga, que exerce efeitos físicos e psicológicos sobre os indivíduos. Quais são esses efeitos? Quais deles estão relacionados com o uso abusivo das bebidas alcoólicas? Os efeitos físicos nas mulheres são os mesmos que nos homens?

Além de abordar essas questões, com uma análise feita a partir de alguns mitos comuns no Brasil sobre o assunto, este livro trata ainda das possibilidades de prevenção e das opções de tratamento do alcoolismo e do uso abusivo de álcool, bem como do importante papel da família nessa jornada.

O QUE É O ALCOOLISMO?

Já havia, nos tempos pré-bíblicos, tecnologia para produzir álcool; o alcoolismo, entretanto, como o entendemos hoje, é um conceito mais recente, pós-revolução industrial.

A produção do álcool a que o homem estava acostumado até o século XVIII era, primeiramente, artesanal. Predominavam as bebidas fermentadas na forma de vinho e alguns tipos de cerveja. Se nos tempos pré-bíblicos havia descrições de intoxicação por vinho, e mesmo os deuses gregos, como Dioniso – Baco, para os romanos –, já manifestavam esse tipo de comportamento, não há registros de que essas intoxicações fossem constantes.

A partir da revolução industrial inglesa, alguns fatores contribuíram para mudar o caráter do uso do álcool pela sociedade. Em primeiro lugar, passou-se a produzir álcool não mais de forma artesanal, mas industrialmente, em grandes quantidades. Além disso, modificou-se também o tipo de bebida fabricada, em virtude da criação de tecnologia para produzir destilados na forma de gim, com um conteúdo alcoólico muito maior. Depois, com o aumento da produção, o preço do álcool diminuiu muito, facilitando o acesso ao produto por parte de um maior número de pessoas.

Finalmente, deve-se considerar o fato de que a maior parte das populações passou a viver em grandes concentrações urbanas, o que mudou bastante o perfil das relações sociais. O álcool, que até então era uma bebida a ser consumida durante as refeições e que por muitos séculos foi a fonte de água menos contaminada possível para se beber, passou a ser uma bebida forte, que podia ser comprada a preços baixos, por pessoas que buscavam essencialmente a intoxicação.

Todas essas mudanças permitiram que um número muito maior de pessoas passasse a consumir álcool constantemente; a partir de então, os médicos começaram a observar uma série de complicações físicas e mentais decorrentes desse consumo excessivo, inclusive as primeiras descrições daquilo que hoje chamamos de alcoolismo.

O mito:

O álcool não é uma droga, é um alimento.

A verdade

Por muitos séculos, o álcool, na forma de vinho, foi a mais pura fonte de água que a humanidade podia consumir, mas não é isso o que ocorre no mundo moderno. Na realidade, as mais diferentes bebidas alcoólicas podem ser consideradas formas diversas de administrar a droga chamada álcool. É lógico que existem grandes diferenças entre um copo de vinho e um copo de uísque ou aguardente em termos de concentração de álcool e de seus constituintes, mas a maior distinção entre as bebidas reside no conteúdo alcoólico. Para se ter uma ideia dessas diferenças, a concentração de álcool da cerveja é de 5%; da maioria dos vinhos, de cerca de 12%; e dos destilados, como o uísque e a pinga, de 40 a 50%. Muito embora esses três tipos de bebida tenham concentração suficiente para intoxicar as pessoas, o volume necessário para essa intoxicação é diferente entre eles.

O componente alimentar nas bebidas alcoólicas é variado. Todas têm calorias provenientes de seu conteúdo de açúcar. Uma lata de cerveja (350 ml), por exemplo, tem em média 150 calorias; um copo de vinho (125 ml), 100 calorias; uma dose pequena de uísque (25 ml), 60 calorias.

Algumas pessoas que bebem excessivamente engordam, enquanto outras emagrecem. Quem bebe e engorda está, provavelmente, ingerindo alimentos de baixo valor nutritivo associados ao consumo de álcool, na maior parte das vezes cerveja. Quem bebe e emagrece está, comumente, bebendo destilados e usando a bebida como fonte calórica.

O problema dos destilados como fonte calórica é que têm o que chamamos "calorias vazias", ou seja, um tipo de caloria que não vem acompanhado de vitaminas e sais minerais.

Outro fator importante em relação ao álcool é que ele impede a absorção de vitaminas B e C. É por isso que nas pessoas que bebem excessivamente ocorre um estado de queda dessas vitaminas, as quais é necessário repor.

 *O mito:*

> *Qualquer consumo de álcool
> deve ser considerado alcoolismo.*

A verdade

Se isso fosse verdade, mais de 80% da população adulta do mundo seria considerada alcoolista, pois somente cerca de 20% das pessoas são completamente abstêmias. Existem, portanto, níveis de consumo de álcool considerados seguros, apesar de variarem de acordo com critérios, como peso e estatura do indivíduo, sexo, tipo de bebida etc.

O álcool é uma droga diferente das demais drogas de abuso, como o fumo, a cocaína e a maconha, entre outras. No caso do fumo, por exemplo, qualquer contato com as 4.000 substâncias tóxicas componentes da fumaça do cigarro faz mal à saúde. É por isso que o fumante passivo também é afetado, pois não existe um limite até o qual podemos aspirar essa fumaça altamente tóxica e estarmos seguros. Com o álcool as circunstâncias são diferentes, pois há evidências mostrando que, em baixas doses, ele pode fazer bem. Há estudos indicando que um adulto saudável que ingere uma pequena dose de bebida alcoólica por dia está mais protegido contra algumas doenças cardíacas. A grande questão diz respeito à quantidade que se pode beber sem que seja prejudicial à saúde.

Inúmeros estudos já foram realizados na tentativa de responder a essa questão, que tem profundas implicações no tocante à saúde pública. Um conceito importante para entender a organização dessas pesquisas é o de *unidade de álcool*.

Uma unidade de álcool equivale a 10-12 g de álcool puro. No Brasil existe uma diversidade muito grande de medidas para as diferentes bebidas. Uma lata de cerveja normalmente contém cerca de 350 ml, e a concentração de álcool da maioria das cervejas nacionais fica em torno de 5%; portanto, essa lata tem aproximadamente 17 g de álcool, correspondentes a 1,5 unidade de álcool. Uma dose do destilado mais consumido no Brasil, a aguardente (a conhecida pinga), também apresenta grande variação quanto ao conteúdo alcoólico. Uma dose de pinga conteria cerca de 50 ml; como a concentração de álcool da aguardente gira em torno de 50%, essa dose teria o equivalente a 2,5 unidades de álcool, e uma garrafa de pinga, com 750 ml, aproximadamente 37 unidades.

Tabela 1 – Conteúdo das principais bebidas no nosso meio

Bebidas	Concentração de álcool/ gramas de álcool	Unidades de álcool
1 lata de cerveja – 350 ml	5% = 17 gramas de álcool	1,5
1 dose de aguardente – 50 ml	50% = 25 gramas de álcool	2,5
1 copo de chope – 200 ml	5% = 10 gramas de álcool	1
1 copo de vinho – 90 ml	12% = 10 gramas de álcool	1
1 garrafa de vinho – 750 ml	12% = 80 gramas de álcool	8
1 dose de destilados (uísque, pinga, vodca etc.) – 50 ml	40-50% = 20-25 gramas de álcool	2-2,5
1 garrafa de destilados – 750 ml	40-50% = 300-370 gramas de álcool	30-37

 = =

1 copo de chope = 1 copo de vinho = 1/2 dose de pinga
200 ml   30 ml   25 ml

A partir desses valores, buscou-se identificar quantas unidades de álcool um adulto sadio poderia beber por semana, sem que isso acarretasse problemas a sua saúde. A tabela a seguir mostra os diferentes níveis de risco para homens e mulheres. Um homem, por exemplo, poderia beber até duas latas de cerveja por dia, ou uma dose de cachaça, principalmente às refeições, sem causar grande prejuízo à sua saúde. Um consumo maior, entretanto, não seria indicado.

Tabela 2 – Riscos à saúde x consumo de álcool

Risco	Mulheres	Homens
Baixo	Menos de 14 unidades por semana	Menos de 21 unidades por semana
Moderado	15 a 35 unidades por semana	22 a 50 unidades por semana
Alto	Mais de 36 unidades por semana	Mais de 51 unidades por semana

As diferenças na quantidade de consumo de álcool não prejudicial à saúde para homens e mulheres são atribuídas a vários fatores. Em primeiro lugar, as mulheres teriam maior proporção de gordura corpórea, o que faria com que o álcool atingisse maiores concentrações no sangue. Além disso, as mulheres absorvem maiores quantidades de álcool, em comparação aos homens. Assim, entre mulheres e homens com mesmo peso corporal, é nelas que o álcool provoca maiores danos físicos. Esse padrão de consumo só é válido para mulheres não grávidas. Para as grávidas recomenda-se total abstinência de álcool.

Deve-se ressaltar ainda que o padrão de consumo só é aceitável quando as unidades de álcool são consumidas ao longo de uma semana: se uma pessoa ingerisse a quantidade semanal em um único dia, estaria causando mais danos à sua saúde do que se consumisse uma quantidade de unidades alcoólicas um pouco maior, mas divididas durante toda a semana. Se um homem ingerisse a sua cota semanal de 21 unidades de álcool (meia garrafa de bebida destilada, por exemplo) em um único dia, apresentaria várias alterações físicas decorrentes desse nível agudo de consumo.

O mito:

O alcoolismo é uma doença.

A verdade

Muito já se escreveu a favor e contra a ideia do alcoolismo como doença. A ideia de que o ato de beber em excesso constituiria uma doença começou a ser proposta no começo do século XIX, quando o número de problemas de saúde decorrentes do consumo excessivo de bebidas alcoólicas tornou-se uma questão de saúde pública, principalmente na Europa e nos Estados Unidos. Pouco antes da Segunda Guerra Mundial, com o surgimento dos Alcoólicos Anônimos nos Estados Unidos, a ideia de alcoolismo como doença passou a receber uma atenção maior. O pressuposto seria de que os alcoolistas verdadeiros seriam pessoas diferentes das demais e que qualquer contato com a droga "álcool" os levaria à intoxicação e à perda do controle da quantidade de bebida ingerida. Segundo essa teoria, os alcoolistas teriam genética e personalidade diferentes das outras pessoas.

Nas últimas décadas, vários estudos tentaram mostrar a diferença entre os alcoolistas e o restante da população, mas nunca se chegou a um perfil definido, nem do ponto de vista genético nem do ponto de vista da personalidade.

A Organização Mundial da Saúde (OMS) classificou como doença a Síndrome de Dependência do Álcool. A diferença entre essa síndrome e o alcoolismo é que a dependência não seria uma condição de "tudo ou nada" – ou uma pessoa é alcoolista ou não é –, mas um processo no qual a pessoa ficaria gradualmente, ao longo dos anos, dependente do álcool. O importante é saber quão dependente do álcool estaria a pessoa; a dependência, portanto, seria uma condição variável ao longo de um *continuum* de severidade. Alguém poderia ser pouco, moderadamente ou muito dependente. Nesse aspecto, a dependência do álcool assemelha-se à ansiedade, pois não basta saber se alguém é ansioso ou depressivo, é preciso identificar a intensidade da condição para decidir qual será o melhor tratamento.

Como a dependência do álcool não é uma condição de "tudo ou nada", é necessário entender que alguém não precisa ser dependente para apresentar problemas relacionados ao uso do álcool. Por exemplo, alguém que beba duas ou três doses de uísque toda noite pode não ser dependente do álcool, mas está usando essa substância de forma perigosa, enfrentando um risco muito maior de ter gastrite, pancreatite, hepatite alcoólica, problemas para dormir etc. Na realidade, existem muito mais pessoas que usam o álcool de forma prejudicial à saúde, sem serem dependentes, do que pessoas medicamente consideradas dependentes do álcool, que também estão comprometendo sua saúde.

Esta é uma distinção importante, pois é muito comum que alguém, ao ser repreendido por estar bebendo demais, retruque afirmando não ser alcoolista. Ninguém precisa ser alcoolista ou dependente para apresentar problemas em relação ao consumo de álcool. Pessoas que dirigem depois de beber muito podem provocar acidentes, embora a maior parte delas não seja alcoolista.

O mito:

A pessoa já nasce dependente do álcool.

A verdade

Ninguém nasce dependente de nenhuma droga. O que ocorre é que a pessoa desenvolve uma relação com a droga que evolui para a dependência, isto é, há um processo gradual envolvendo a dependência. Não existe nenhum fator que determine, de forma definitiva, que pessoas ficarão dependentes do álcool, assim como nós não podemos saber, de um grupo de crianças ou adolescentes, quais fumarão cigarro a ponto de se tornarem dependentes da nicotina. Na realidade, uma combinação de fatores contribuiriam para que algumas pessoas tivessem maiores chances de desenvolver problemas em relação ao álcool durante algum período de sua vida.

A dependência, muitas vezes, começa a partir do momento em que a pessoa ingere quantidades de álcool capazes de provocar algum tipo de indisposição – a popular "ressaca" – no dia seguinte. A ressaca é uma indicação de que a pessoa bebeu mais do que deveria. Existem dois componentes distintos na ressaca, e o primeiro diz respeito à intoxicação por álcool. Acordar no dia seguinte ao que se bebeu um bom vinho é muito diferente de despertar após o consumo de um vinho ruim. Isso ocorre fundamentalmente porque o vinho de qualidade duvidosa apresenta impurezas que intoxicam a pessoa que o bebe em grandes quantidades. O segundo componente da ressaca diz respeito ao fato de o álcool ser um depressor do sistema nervoso central; quando a pessoa bebe muito, fica momentaneamente menos ansiosa, sonolenta etc. Quando o efeito do álcool passa, o sistema nervoso não volta imediatamente ao normal, mas tem uma reação "rebote" a esse efeito depressor do álcool: no dia seguinte, a pessoa tende a ficar mais nervosa, irritada, com dificuldades para conciliar o sono. A ressaca, assim, deve-se em parte à falta que o organismo sente do álcool – é o que chamamos de sintomas de abstinência do álcool.

À medida que a pessoa tem repetidas ressacas, percebe que parte do desconforto do dia seguinte pode ser aliviada se recomeçar a beber. Por exemplo: se alguém que estava acostumado a beber somente à noite e a ter ressacas muito fortes começar a beber na hora do almoço, sentirá que uma parte da irritação, ansiedade e falta de concentração melhorará com o álcool. É a partir disso que a dependência pode começar: a pessoa passa a beber não mais por prazer, ou num ambiente social, mas para aliviar os sintomas de abstinência do álcool. A intensidade da dependência será ditada por uma série de fatores como a personalidade do indivíduo, período de tempo em que vem bebendo em grandes quantidades, tipo de bebida, associação com depressão, ambiente em que vive etc.

A dependência significa que o ato de beber deixou de ter uma função social e de eventual prazer e passou a ficar disfuncional, isto é, um ato em si mesmo. A pessoa progressivamente perderá sua liberdade de decidir se quer ou não beber, ficando à mercê da própria dependência. Pode-se identificar o comportamento de alguém dependente por alguns critérios, propostos pela OMS. Basta apresentar três dos critérios listados na tabela 3, para que a pessoa seja considerada dependente.

Após o período de abstinência, que pode ser de dias ou meses, a pessoa volta a beber e passa a consumir no mesmo padrão de dependência antigo num curto espaço de tempo.

Tabela 3 – Sintomas da Síndrome de Dependência do Álcool

Sintomas	Identificação
• Estreitamento do repertório de beber	No começo, a pessoa bebe com uma certa variação: alguns dias bebe, em outros fica completamente abstinente. À medida que fica mais dependente começa a beber todos os dias, a maior parte das vezes à noite. Progressivamente, mesmo o horário de beber durante o dia começa a mudar, pois passa a ingerir bebidas alcoólicas também no horário do almoço. Quando a dependência chega ao clímax, bebe logo ao acordar e continua bebendo a cada hora do dia, aproximadamente.
• Priorização do comportamento de busca do álcool	O indivíduo tenta dar prioridade ao ato de beber ao longo do dia, mesmo nas situações socialmente inaceitáveis (por exemplo, quando está trabalhando, quando está doente, dirigindo veículos etc.)

Sintomas	Identificação
• Aumento da tolerância ao álcool	Aumento da dose para obter o mesmo efeito ou capacidade de executar tarefas mesmo com altas concentrações de álcool no sangue.
• Sintomas repetidos de abstinência	Os sintomas de abstinência mais marcantes, como tremor intenso e alucinações, só ocorrem nas fases mais severas da dependência. No início, esses sintomas são leves, intermitentes e causam muito pouca incapacitação. Sintomas de ansiedade, insônia e irritabilidade podem não ser atribuídos ao uso de álcool. Três grupos de sintomas podem ser identificados: físicos (tremores, náusea, vômitos, sudorese, cefaleia, cãibras, tontura); afetivos (irritabilidade, ansiedade, fraqueza, inquietação, depressão); sensoperceptivos (pesadelos, ilusões, alucinações visuais, auditivas ou táteis).
• Alívio ou evitação dos sintomas de abstinência pelo consumo de álcool	Sintoma que, nas fases mais severas da dependência, fica muito claro: a pessoa bebe pela manhã para sentir-se melhor. Mas esse sintoma também está presente nas fases iniciais, quando sua identificação necessita de um pouco mais de cuidado. A pessoa pode sentir uma melhora do nível de ansiedade após beber e não atribuir isso à abstinência.

O mito:

É sempre fácil identificar um alcoolista.

A verdade

O alcoolismo e a dependência do álcool ocorrem atrelados a uma variedade de sintomas. Identificar quem apresenta o quadro mais severo é fácil, pois nesse estágio da dependência as pessoas apresentam manifestações muito óbvias de uso crônico do álcool: face vermelha pela intoxicação crônica, hálito alcoólico, intoxicação frequente. No entanto, identificar pessoas em estágios menos severos de dependência e indivíduos que não são dependentes mas fazem uso abusivo do álcool é algo bem mais complicado.

Uma das possibilidades é perceber padrões de consumo. Qualquer pessoa que beba além das quantidades consideradas seguras está fazendo uso abusivo de álcool, e é necessário que mude esse padrão. Nem sempre é fácil identificar o padrão de consumo, pois às vezes a pessoa bebe sozinha, ou em grupos longe da família. O fato, entretanto, de alguém sofrer intoxicações constantes é um bom indício de uso abusivo de álcool.

Outra alternativa é identificar pessoas que apresentem problemas comumente associados ao consumo abusivo de álcool:

- *problemas físicos:* gastrite, pancreatite, hepatite, pressão alta, fraqueza nas pernas, quedas frequentes, convulsões semelhantes a ataques epiléticos, tremores pela manhã etc.;

- *psicológicos:* nervosismo, irritabilidade, insônia, falta de concentração, problemas com a memória, mentiras frequentes;

- *problemas sociais:* perda de produtividade, faltas no trabalho – principalmente às segundas-feiras –, brigas frequentes com familiares e amigos, gastos excessivos, perda da responsabilidade em relação à família etc.

Muitos desses problemas não são evidentemente específicos ao consumo de álcool, mas podem ser indícios.

Muitas vezes não é fácil identificar um problema relacionado ao álcool, pois ele acaba sendo mascarado por outros tipos de questões. Alguns exemplos:

1) É muito comum pessoas com depressão (desânimo, visão negativa da vida, falta de vontade para fazer qualquer coisa, irritabilidade, falta ou excesso de sono etc.) beberem muito. A depressão é uma doença psiquiátrica relativamente fácil de tratar hoje em dia. Quando está relacionada ao consumo excessivo de bebidas alcoólicas, no entanto, seu tratamento torna-se mais complicado, pois o próprio uso de álcool pode levar à depressão. Dessa maneira, muitas vezes é difícil saber o que veio primeiro: se a depressão ou o consumo excessivo de álcool.

2) Muitas mulheres que ficam em casa sozinhas acabam consumindo álcool sem que ninguém veja. Nessas condições, não é incomum haver associação com depressão. A mulher sente-se envergonhada pelo consumo excessivo de álcool e isso faz com que os familiares demorem a descobrir o problema, retardando assim a busca por auxílio.

EFEITOS DAS BEBIDAS ALCOÓLICAS

São vários os efeitos causados pela ingestão de bebidas alcoólicas, atingindo tanto a parte física quanto a psicológica do indivíduo que faz uso abusivo do álcool. Há, entretanto, vários mitos a respeito desses efeitos, como veremos a seguir.

O mito:

O álcool ajuda a relaxar e a esquecer os problemas.

A verdade

O álcool é um péssimo calmante, pois seu efeito imediato produz uma certa euforia seguida de depressão do sistema nervoso, com sedação. Muito embora o álcool produza inicialmente relaxamento, o entusiasmo por esse efeito diminui logo que se avalia o que ocorre em seguida. Após o efeito inicial, haverá um efeito "rebote", ou seja, depois de passado o efeito do consumo de algumas doses de álcool, que produzem sedação, haverá uma espécie de excitação desconfortável do organismo. Portanto, ao final o álcool deixará o usuário ainda mais ansioso.

As pessoas insistem na ideia de que o álcool é um bom sedativo em função do poder inicial de seu efeito relaxante. Assim, apesar de o efeito ser de curta duração, é poderoso o suficiente para que as pessoas esperem sempre por ele, muito embora o resultado, depois, seja o aumento da tensão.

Um exemplo típico dessa irracionalidade no uso do álcool ocorre quando as pessoas o utilizam para induzir o sono. O álcool, inicialmente, pode exercer essa função, mas a qualidade do sono será pior do que a que a pessoa teria se não tivesse bebido. Além disso, após a análise do número de horas de sono dessa pessoa, certamente ela dormirá enquanto o álcool estiver fazendo efeito. Passado o efeito, ela acordará mais facilmente do que quando não bebe. O álcool é um péssimo indutor do sono e só prejudica quem apresenta problemas para dormir. Não há quem consiga um sono satisfatório e reconfortante sob o efeito do álcool.

Algumas pessoas bebem "para esquecer". O álcool afeta bastante os processos mentais. Existe uma certa tendência a que a forma de pensamento das pessoas se torne mais rígida sob efeito do álcool. Imagine, por exemplo, uma cena em que várias pessoas estejam em um bar bebendo, rindo e brincando. Nada parece perturbar essa alegria, aparentemente produzida pelo álcool. Suponha agora que alguém faça um comentário maldoso para o grupo. A probabilidade maior é de que o grupo todo passe desse estado de euforia para um de agressividade e raiva incontida. Se não estivessem sob o efeito do álcool, essas pessoas teriam maiores chances de assimilar o comentário e uma parte do grupo, ou a "turma do deixa-disso", assumiria o controle da situação, evitando algum incidente. O álcool faz com que os processos mentais ocorram na forma "preto e branco" – ou a pessoa está muito alegre ou muito triste, muito dócil ou muito agressiva. A capacidade de ponderar, analisar a situação e perceber o que ocorre à sua volta está nitidamente diminuída. Assim, se alguém estiver triste e usar o álcool "para esquecer", muito provavelmente ficará ainda mais triste do que se não bebesse. Essa pessoa pode ficar sedada ou adormecer, mas o álcool, como droga para lidar com problemas, é uma péssima escolha.

O mito:

O álcool afeta principalmente o fígado.

A verdade

A maior parte das pessoas acredita nisso, mas as evidências mostram que de 50 a 70% dos alcoolistas apresentam problemas no sistema nervoso, contra 30% que reclamam de doenças no fígado. Os danos no sistema nervoso são devidos a uma ação direta do álcool nas células do cérebro, provocando uma diminuição na memória, na capacidade de raciocínio mais complexo, no julgamento de situações difíceis etc. Muito embora algumas semanas de abstinência façam com que esses danos no cérebro sejam reduzidos, cerca de 10% dos alcoolistas sofrerão danos irreversíveis e poderão chegar a desenvolver um quadro de demência alcoólica. É importante ressaltar, porém, que a abstinência sempre melhora o quadro mental ou faz com que os sintomas estacionem.

As principais doenças hepáticas são: fígado gorduroso, hepatite alcoólica e cirrose.

O *fígado gorduroso* ocorre pelo excesso de álcool, que produz um depósito de gordura na célula hepática. Normalmente, a pessoa não apresenta sintomas, mas ocasionalmente pode ficar ictérica (apresentar amarelado da pele e mucosas).

A *hepatite alcoólica* é bastante grave, pois indica que as células hepáticas estão morrendo devido à toxicidade de álcool. É possível que a pessoa não apresente sintomas por muito tempo, mas um aumento do volume do fígado pode produzir dor abdominal.

A *cirrose* ocorre numa fase terminal do alcoolismo, quando é destruída a estrutura do fígado, que se torna cheio de cicatrizes. A cirrose nada mais é do que uma cicatrização do tecido hepático devido à morte das células, o que torna a função do fígado muito restrita.

O fígado do alcoolista pode não apresentar sintomas por anos, muito embora a deterioração venha ocorrendo há tempos. Ao contrário do estômago, por exemplo, o fígado não tem nervos que acusem dor, e por isso pode ser destruído sem que produza sintomas.

Outra doença gastrintestinal que pode ocorrer é a pancreatite crônica. Na verdade, 75% dos pacientes com esse tipo de pancreatite consumiram álcool em excesso. O sintoma mais comum é a dor no abdômen que se irradia para as costas e não é aliviada por antiácidos, podendo durar vários dias. O paciente perde peso e o quadro pode evoluir para um tipo de diabetes.

O álcool também afeta outras partes do corpo, entre elas o coração. Pode produzir uma cardiomiopatia alcoólica, que é uma infiltração gordurosa do músculo cardíaco, produzindo dilatação do coração com diminuição da capacidade de impulsionar o sangue. Arritmias podem ser causadas pelo uso de álcool, muitas vezes provocando morte súbita. Infarto e trombose também podem ocorrer pelo consumo de bebidas alcoólicas.

Outra condição importante associada ao coração é a hipertensão. Muita gente acredita que o álcool diminui a pressão; no entanto, o consumo excessivo de álcool é uma das causas mais comuns de hipertensão. Na realidade, um grande número de pacientes hipertensos tem a resposta ao tratamento anti-hipertensão diminuída porque continuam fazendo uso de álcool.

O mito:

Quando o dependente de álcool para de beber, não sente falta da bebida.

A verdade

Após um período de ingestão excessiva e constante de álcool, uma redução ou interrupção do consumo pode produzir o que chamamos de "síndrome de abstinência". O álcool é um depressor do sistema nervoso. Após o desaparecimento do álcool no organismo, o que leva somente algumas horas, o sistema nervoso sofre um efeito "rebote" e o indivíduo apresenta um quadro oposto ao produzido pelo álcool: ansiedade, tremor, inquietação etc. Na realidade, a maior parte das pessoas dependentes de álcool apresenta muitos desses sintomas de abstinência durante todo o tempo. Essas pessoas acordam irritadas, nervosas, inquietas, ansiosas, com tremor nas mãos, náusea, fraqueza, aumento dos batimentos cardíacos e da pressão arterial, suor excessivo. O indivíduo, então, bebe para aliviar esses sintomas e, a partir disso, fica cada vez mais difícil parar de beber.

Devido a alguma doença ou porque a pessoa efetivamente decidiu parar de beber, os sintomas já descritos podem se intensificar. Cerca de 60% dos pacientes não necessitam de tratamento específico para esses desagradáveis sintomas, somente repouso, hidratação e comida leve. Para 40% deles, os sintomas pioram muito, podendo produzir três tipos distintos de complicação: convulsões, *delirium tremens* e alucinose alcoólica.

a) O fato de a pessoa sofrer convulsões quando para de beber não quer dizer que tenha desenvolvido epilepsia. Na realidade, essas convulsões são específicas da abstinência do álcool e, ao contrário da epilepsia, ocorrem somente uma vez em cada episódio. Se a pessoa parar definitivamente de beber, elas tendem a não se repetir. Durante a crise, o tratamento agudo consiste inicialmente em proteger a pessoa de possíveis traumatismos decorrentes da queda e de sua própria agitação. Depois, pode-se administrar uma medicação calmante, como os benzodiazepínicos (Valium, Psicossedim, Diazepan...).

b) O *delirium tremens* é um quadro grave em que a pessoa apresenta tremor intenso no corpo inteiro, associado à confusão mental, com desorientação no tempo e no espaço (não sabe onde está, nem dia nem hora exatos) e alucinações visuais, auditivas e táteis (vê, escuta e sente coisas que não existem). Esse tipo de quadro, que é bastante dramático, também está associado a uma agitação muito grande, produzindo sofrimento e *stress* no paciente e na família. A pessoa deve ser internada em um hospital imediatamente, pois há risco de morte entre 5 e 10% dos casos. O tratamento é feito à base de cuidados gerais e calmantes. Esse quadro pode durar de 5 a 7 dias.

c) Na alucinose alcoólica, o paciente tem alucinações auditivas muito vívidas, em que acredita estar escutando vozes. As alucinações incluem sons como "cliques", rugidos, badaladas de sinos, cânticos e vozes. Os pacientes expressam medo, ansiedade e agitação em decorrência dessas experiências, que muitas vezes podem parecer doenças mentais, como a esquizofrenia. A diferença em relação ao *delirium tremens* é que, na alucinose alcoólica, o paciente apresenta maior clareza de consciência.

O mito:

*Um pouco de álcool na gravidez ajuda
a produção de leite materno.*

A verdade

A concepção médica em relação aos efeitos do álcool sobre a mulher grávida sofreu mudanças. Por algum tempo, os médicos recomendaram o consumo de algum tipo de cerveja preta para aumentar a produção do leite materno. A partir da década de 70, contudo, inúmeros estudos científicos começaram a mostrar o efeito deletério sobre o feto, até mesmo de pequenas quantidades de álcool ingeridas pela gestante, descrevendo-se o que se chama de Síndrome Fetal pelo Álcool. As gestantes passaram a ser bombardeadas com mensagens radicais no sentido de evitarem o consumo de álcool na gravidez e durante a amamentação principalmente nos Estados Unidos.

Deve-se evitar a ingestão de bebidas alcoólicas durante a gravidez, mas tomar um copo de cerveja ou de vinho durante a refeição, esporadicamente, não provocará danos ao bebê.

PREVENÇÃO DO ALCOOLISMO

Neste capítulo, vamos abordar alguns mitos existentes em relação à possibilidade de prevenir o alcoolismo e os problemas referentes ao ato de beber. Depois de discutir o conceito de alcoolismo, seus sintomas e seu desenvolvimento, resta tratar da prevenção. Dentro das possibilidades de prevenção existentes, qual seria a mais eficaz, qual seria a mais inadequada? As possibilidades preventivas são sempre as mesmas ou variam de cultura para cultura? É isso que discutiremos.

O mito:

É impossível prevenir o alcoolismo.

A verdade

Por muito tempo – e mesmo ainda hoje – considerou-se o alcoolismo uma doença genética, hereditária e crônica, ou seja, determinada apenas biologicamente. Assim, o indivíduo já nasceria com a doença "alcoolismo" e a única maneira de impedir seu desenvolvimento seria a abstinência total de álcool durante toda a vida. Para prevenir, bastaria que a pessoa "portadora" de alcoolismo não bebesse nenhuma bebida alcoólica, nunca. Seria problemático, contudo, determinar um critério para identificar os "portadores" de alcoolismo. Quem seriam os "alcoolistas em potencial"? Seriam, por exemplo, todas as pessoas que tivessem algum parente alcoolista? Esse parente deveria ser próximo (irmãos, pais) ou nem tanto (tios, primos)?

Se a identificação dos alcoolistas em potencial passar apenas por esses critérios familiares, conclui-se que todas essas pessoas devem ser proibidas de ingerir qualquer tipo e quantidade de bebida alcoólica, sob risco de desenvolverem a doença. Na prática, portanto, a prevenção da doença seria praticamente impossível (a pessoa não pode escolher a família na qual vai nascer, muito menos seus genes).

O fato é que essa visão, extremamente dirigida aos aspectos biológicos, dá pouca importância aos fatores psicológicos individuais e praticamente ignora os fatores ambientais. A visão moderna do alcoolismo como uma síndrome engloba estes dois últimos fatores.

Os fatores psicológicos associados ao desenvolvimento do alcoolismo podem incluir algumas características de personalidade, usualmente percebidas no desenvolvimento do indivíduo, que contribuem para tornar algumas pessoas mais angustiadas, ansiosas, receosas, dependentes, com maior dificuldade para lidar com problemas. As bebidas alcoólicas poderiam, dentro desse quadro, amenizar o sofrimento e, eventualmente, transformar-se em uma maneira usual de lidar com os problemas cotidianos. Um exemplo disso é o depoimento de uma mulher de 40 anos:

Eu não bebia até os 20 anos, quando conheci meu atual marido. Ele gostava de sair e ficar até altas horas nos bares, e eu passei a beber para acompanhá-lo, porque eu não podia imaginar a vida sem ele. Atualmente, bebo mais do que ele. Consegui ficar sem beber algumas vezes, quando achei que estava fazendo tudo errado, mas daí vem aquela angústia, aquela fraqueza, um medo... Bebo mais ainda quando a gente briga, ou quando as coisas vão mal, e isso acaba sendo um pretexto para meu marido me ridicularizar ainda mais.

É importante lembrar, no entanto, que esses fatores psicológicos não são, de forma alguma, determinantes absolutos do desenvolvimento do alcoolismo, mas apenas características de predisposição. Há pessoas que, mesmo estando momentaneamente frágeis ou inseguras, não desenvolvem um padrão inadequado de consumo alcoólico e lidam com seu sofrimento de outras maneiras (fazendo terapia, recorrendo aos amigos, viajando, desenvolvendo planos de lazer etc.). É evidente, no entanto, que a dificuldade de enfrentar sofrimentos e frustrações, acrescida da percepção dos efeitos relaxantes do álcool e da facilidade e estímulo para obtê-lo, podem acarretar, para muitas pessoas, o risco de desenvolver o alcoolismo.

Assim, seria possível prevenir o alcoolismo desenvolvendo estratégias para lidar com dificuldades, momentos ruins e ansiedades, evitando que estes fatores provoquem o consumo abusivo de bebidas alcoólicas. Isso, obviamente, não é fácil, mas abre uma possibilidade de atuação. A família pode ter aí um papel facilitador importante.

Os fatores ambientais, por muito tempo nem mesmo considerados na abordagem dessa questão, têm sido cada vez mais encarados como de extrema importância no desenvolvimento do consumo excessivo de álcool e do alcoolismo e, portanto, em sua prevenção.

Antigamente, quando se falava sobre fatores ambientais, pensava-se principalmente nas tradições culturais. A baixa taxa de alcoolismo entre os judeus, por exemplo, parece estar associada principalmente ao fato de as bebidas alcoólicas fazerem parte de rituais religiosos, sendo consumidas, nessas situações, inclusive pelas crianças. Assim, o consumo de álcool é permitido em determinados contextos e em certo padrão, além do qual é condenado, caracterizando um comportamento não aceito. Essa "ritualização da bebida" faz com que, ao menos nas comunidades onde essas tradições se mantêm, a maioria dos judeus beba dentro de certos critérios, tidos como adequados.

Com as mulheres ocorreu algo semelhante. A intoxicação por bebidas alcoólicas sempre foi muito mais tolerada nos homens. Até hoje, os primeiros "porres" do garoto são, muitas vezes, motivos de riso e até mesmo estimulados, como sinal de masculinidade. Para a mulher, entretanto, não "fica bem" exagerar; ela deve ter sempre o controle de seus atos. O índice de alcoolismo entre as mulheres sempre foi mais baixo do que entre os homens – mesmo se considerarmos a quantidade de mulheres que bebe escondido (o "alcoolismo silencioso"). Pesquisas têm apontado, no entanto, uma participação cada vez maior das mulheres nos índices de consumo abusivo e dependência do álcool, aparentemente relacionados às mudanças no *status* e na participação das mulheres na sociedade. De qualquer maneira, isso mostra como o fator cultural pode "proteger" diferentes segmentos da sociedade.

Mais recentemente, tem sido observado que fatores sociais de demanda e oferta, informação e propaganda, constituem elementos poderosos tanto de prevenção quanto de estímulo ao desenvolvimento de padrões inadequados de bebida.

O mito:

Não importam a quantidade de bares disponíveis, o preço das bebidas e o horário em que são vendidas, quem quer beber vai fazê-lo de qualquer jeito.

A verdade

Durante décadas pensou-se (e ainda hoje há quem pense assim) que as pessoas que bebem, especialmente as que bebem muito, não diminuiriam seu consumo de álcool em decorrência de dificuldades eventuais para conseguir a bebida. Essa imagem provinha do conceito de alcoolismo como doença incurável, de origem principalmente biológica. De acordo com essa visão, o alcoolista apresenta uma "compulsão" para beber em relação à qual nada pode fazer, uma vez que tome o primeiro gole. A isso chamavam de "perda de controle" do alcoolista. Assim, elementos do ambiente, como preço das bebidas, local e horário de vendas (chamados de "fatores de disponibilidade") não teriam o menor efeito sobre o consumo. No máximo, afirmavam alguns estudiosos do assunto, apenas as pessoas que bebiam pouco ou moderadamente deixariam de beber ou reduziriam ainda mais seu consumo diante desses obstáculos.

Afirmar que os fatores de disponibilidade não têm influência sobre o consumo de álcool representa, de certa maneira, questionar o valor da regulamentação das bebidas alcoólicas. O álcool é uma droga permitida, lícita, mas não liberada. Existe uma série de regras e restrições para seu consumo, venda etc. Cada país tem leis variadas a respeito do assunto. No Brasil, por exemplo, menores de 18 anos não podem comprar bebidas alcoólicas; o estabelecimento comercial que desrespeita essa lei está sujeito à punição. Além disso, há legislação quanto à quantidade de álcool que pode ser ingerida por quem vai dirigir (a associação de álcool e automóvel é responsável por muitos acidentes).

Regulamentar o uso de bebidas alcoólicas é essencial; o álcool é uma droga psicotrópica que altera o comportamento do indivíduo. Se os elementos que restringem o consumo do álcool não tivessem qualquer efeito prático, estaríamos diante de uma droga totalmente liberada para o consumo – situação extremamente perigosa.

Dados recentes apontam que restrições em relação à disponibilidade e facilidade de obtenção de bebidas alcoólicas têm um importante papel preventivo não só no nível de consumo global da substância como no nível de consumo por parte de pessoas que bebem muito, dos que consomem abusivamente e até dos dependentes de álcool. Assim, os países que tomaram atitudes restritivas, como diminuir a quantidade de locais e os horários e dias de venda de bebidas alcoólicas e aumentar a idade mínima para beber (em boa parte dos EUA, por exemplo, só os maiores de 21 anos podem consumir bebidas alcoólicas), observaram expressiva diminuição do número de problemas relacionados ao uso inadequado de álcool: caso de bêbados circulando pelas ruas até a redução dos casos de cirrose hepática, violência familiar, prisões, crimes violentos, negligência no cuidado de crianças e acidentes de trânsito envolvendo jovens, entre outras situações. É evidente, no entanto, que não basta existir a lei; ela precisa ser cumprida. Para ser eficaz, é importante que haja fiscalização rigorosa e apoio da sociedade.

O preço das bebidas alcoólicas é outro fator que restringe o consumo. Muito embora não seja uma medida inicialmente popular, estudos têm mostrado que, à medida que aumentam os preços das bebidas alcoólicas, o consumo diminui progressivamente. Claro que diferentes grupos sociais respondem de uma forma diversa a esse aumento de preços. Adolescentes, por exemplo, são mais suscetíveis a esses aumentos, pois em geral não têm muito dinheiro. O fator "preço" é especialmente importante no Brasil, onde a bebida alcoólica é uma das mais baratas do mundo: o adolescente que for ao supermercado encontrará latas de cerveja mais baratas do que alguns refrigerantes. De maneira geral, mesmo quem bebe muito diminuiria o consumo se o preço da bebida alcoólica aumentasse.

Os mitos:

Quem conhece os efeitos do álcool não vai ter problemas.
A melhor prevenção é a feita na escola.
A propaganda na televisão não influencia o consumo.

A verdade

Estar informado sobre as bebidas alcoólicas e seus efeitos é importante, mas isso não significa que o indivíduo vai, necessariamente, estar livre de um envolvimento perigoso com abuso/dependência de álcool. Muitas pessoas prejudicam a si e a outrem mesmo sabendo, racionalmente, que não estão fazendo "a coisa certa".

Por muito tempo ignoraram-se – ou fingiu-se ignorar – as várias razões que movem o indivíduo em relação ao consumo de álcool. Quando se falava de prevenção do alcoolismo, pensava-se imediatamente em atuar em escolas, junto aos estudantes, fornecendo informações úteis sobre o assunto. Em determinada época se considerou que informações "úteis" eram somente as que mostravam os prejuízos causados pelo álcool. Dentro dessa estratégia, chamada de "modelo de amedrontamento", os técnicos abordavam esses danos, aumentando-os por vezes, sem citar o lado relaxante, lúdico, que o álcool pode ter quando usado em quantidades moderadas em situações sociais. O resultado foi um estrondoso fracasso, com o consumo de álcool muitas vezes chegando a aumentar após os esforços de prevenção. Muitas outras estratégias têm sido utilizadas, mas os resultados ainda são desapontadores.

Apesar de a prevenção do alcoolismo nas escolas ter sua importância, algumas lições podem ser tiradas da experiência até o momento. Em princípio, informar não é necessariamente prevenir; a mudança de comportamentos e atitudes em relação ao álcool não decorre *apenas* da quantidade ou qualidade de informações que a pessoa recebe. Às vezes pode ocorrer até o oposto: o indivíduo que já tem algumas atitudes em relação ao uso de bebidas alcoólicas vai apreender, das informações recebidas, o que faz sentido para ele, ou seja, vai "transformar" as informações em função de sua atitude e de seu comportamento preestabelecidos. Isso não quer dizer que as informações corretas e claras não tenham o seu papel – mas é um papel limitado. Além disso, não adianta trabalhar preventivamente com o estudante apenas na escola. A escola é uma instituição inserida na sociedade e isso deve ser levado em conta. Assim, os trabalhos mais efetivos realizados em escolas têm sido os que incluem um trabalho comunitário mais amplo. Um projeto de ação comunitária americano que visava atingir as pessoas que dirigiam embriagadas incluiu educação na escola, campanhas informativas na mídia e regulamentação e fiscalização de leis novas e mais "duras" em relação ao assunto: o resultado foi uma redução de 20% no número de mortes no trânsito.

Outro aspecto da questão "informação" no tocante ao alcoolismo é a existência de campanhas publicitárias de bebidas alcoólicas – bastante intensas no Brasil. As indústrias e os publicitários insistem em que o único efeito da publicidade das bebidas alcoólicas é fazer com que o público já consumidor mude a marca da bebida que consome. Assim, se o indivíduo já bebe a cerveja X, pode ficar tentado, depois dos comerciais, a trocar para a cerveja Y – mas nada além disso. Apesar de termos a "sensação" de que a publicidade não funciona exatamente dessa maneira e que os efeitos da propaganda não são apenas esses – afinal, para que gastar tantos milhões de dólares para convencer pessoas que já concordam com você? –, o fato é que é difícil provar, por meio de experimentos, os efeitos diretos dos comerciais. O que se tem percebido, depois de muito estudo, é que a propaganda de bebidas alcoólicas tem um papel bastante importante no estímulo à bebida, estímulo esse que pode resultar em problemas relacionados ao consumo excessivo de álcool. Esse efeito, contudo, em vez de ser direto, refere-se ao impacto da propaganda sobre o chamado "clima social".

O clima social sobre o álcool diz respeito aos diferentes pensamentos que a população tem sobre o ato de beber, sobre os problemas relacionados a esse ato e sobre o que deve ser feito em relação a eles. Este fator é de extrema importância, porque, a partir desse clima, as políticas de regulamentação serão ou não levadas a cabo com eficácia e irão ou não auxiliar na prevenção do alcoolismo. Na medida em que a propaganda de bebidas alcoólicas, com suas imagens do álcool como "parte da boa vida", tem o efeito de cotidianizar, banalizar e legitimar o consumo de álcool, o resultado – além do aumento nas vendas – será certamente contraproducente em termos de prevenção do desenvolvimento de problemas relacionados a ele.

As campanhas educativas em escolas e outras instituições, apesar de seus limites, também exercerão um papel sobre o clima social. Neste caso, essas campanhas, quando realizadas de maneira adequada, podem mostrar que os problemas relacionados ao álcool são questões de importância para a sociedade, abrindo espaço para discussão e mudanças de atitudes e comportamentos. Se essas campanhas, contudo, continuarem competindo com o bombardeamento massivo das propagandas de televisão, terão um efeito muito menor. Deve existir, para um maior efeito da estratégia utilizada nas escolas, uma congruência entre as campanhas educativas e a proibição da propaganda de bebidas alcoólicas nos meios de comunicação.

Estar informado quanto aos efeitos do álcool não equivale a estar "vacinado" em relação ao eventual desenvolvimento de problemas, mas certamente pode auxiliar, na medida em que sejam dadas informações corretas. As medidas preventivas mais adequadas são as que trabalham em um nível mais amplo, atingindo, com diferentes estratégias, vários segmentos da comunidade. Além disso, a criação de um "clima social" auxiliar ou não às campanhas de prevenção do álcool vai depender da soma das diversas influências de estímulo ou educação sobre o álcool em uma determinada sociedade.

O mito:

Quando alguém é alcoolista, nem a família pode ajudar.

A verdade

A família pode ter um papel bastante atuante tanto para prevenir quanto para estimular o uso de bebidas alcoólicas. É importante destacar, no entanto, que esse papel não será definitivo: a pessoa vai trilhar, no meio de todas as influências que recebe, o seu próprio caminho.

A ocorrência de problemas relacionados ao álcool entre jovens e adolescentes de uma determinada família pode ser bastante influenciada principalmente por três fatores familiares: o consumo inadequado de álcool pelos próprios pais, a qualidade da relação entre os pais e os filhos e alguns comportamentos e atitudes dos pais em relação às bebidas alcoólicas. Esses fatores estão todos ligados, mas vamos falar de cada um separadamente, para podermos destacar melhor sua importância.

No primeiro caso, muitas pesquisas apontam para uma associação positiva entre o consumo abusivo de álcool por parte dos pais (ou adulto parental) e o consumo pelo adolescente. Assim, é mais provável que os filhos apresentem problemas com relação ao consumo excessivo de bebidas alcoólicas em famílias em que os pais bebem muito do que em uma família abstêmia, ou que consuma álcool apenas moderadamente. O fator biológico deve, muitas vezes, exercer um papel nessa história, mas a ocorrência de um modelo de comportamento positivo para o uso de álcool é extremamente importante. É fácil se ter uma ideia da influência de um modelo de comportamento: é só pensar em quanta coisa os filhos, mesmo adultos, fazem da mesma forma que seus pais – a forma muitas vezes tão criticada por esses mesmos filhos quando eram menores.

A qualidade da relação pais-filhos é um item especialmente importante e parece influenciar o consumo de bebidas alcoólicas tanto direta quanto indiretamente. Várias investigações encontraram uma associação entre problemas evidentes de relacionamento e uma maior probabilidade do uso abusivo de álcool. Um dos itens mais importantes, apontados pelos próprios adolescentes, é o fato de os filhos perceberem se os pais se interessam ou não por eles e por seus problemas. Uma situação em que os pais expressem seu interesse pelos filhos pode ser um poderoso agente de proteção em relação ao desenvolvimento de um padrão inadequado de consumo de álcool por parte dos adolescentes. Situação semelhante foi percebida em relação à ocorrência de brigas ou discussões violentas na família. A maior frequência de brigas familiares está associada à maior possibilidade de desenvolvimento de abuso de álcool por parte dos adolescentes. Não se quer dizer, com isso, que os pais devem viver unicamente em função das necessidades dos filhos. A boa qualidade da relação depende de uma construção conjunta entre os vários membros da família e não de uma imposição de comportamentos do tipo "agora-vamos-nos-relacionar-assim".

Um relacionamento próximo entre pais e filhos pode influenciar a escolha de amigos destes últimos e, assim, ter efeitos sobre o uso inadequado de álcool pelos adolescentes. Mais uma vez, a medida adequada desse relacionamento próximo será estabelecida pelo bom-senso – não adianta "grudar" no adolescente esperando, com isso, impedir o desenvolvimento do alcoolismo...

Crenças, atitudes e comportamentos dos pais, principalmente no que tange ao estabelecimento de regras e limites para a conduta do adolescente, podem influenciar na ocorrência do uso inadequado de álcool. De maneira geral, pode-se afirmar que o alcoolismo se desenvolve com mais frequência em famílias cujos pais impõem limites muito tênues (ou não os impõem) aos filhos. Os pais devem estar atentos aos filhos e considerar que podem e devem dizer "não" em determinadas circunstâncias. Impor limites faz parte do papel dos pais, assim como dar carinho e sentir – e demonstrar – interesse. Assim, o adolescente que chega embriagado em casa depois de uma festa no final de semana deve ser auxiliado durante a ressaca, mas também precisa saber que os pais não aprovam seu comportamento, que é motivo de preocupação. É importante que os pais condenem a intoxicação sem transformá-la em um "cavalo de batalha" – não é o fim do mundo, mas também não é algo de que se deve vangloriar. A existência de rituais em relação ao consumo de bebidas alcoólicas dentro da família – situações e quantidades permitidas *versus* situações e quantidades não permitidas – é um outro exemplo de situação na qual a família pode auxiliar no sentido de estabelecer um padrão de consumo apenas moderado de bebidas alcoólicas.

TRATAMENTO DO ALCOOLISMO

Uma vez constatado o alcoolismo, o caminho é internar o alcoolista, certo? Depende. Existem diversos tipos de tratamento que funcionarão melhor, se levarmos em conta aquilo de que o dependente de álcool está precisando em um dado momento de sua vida. A dependência do álcool é severa ou leve? O indivíduo conta com suporte familiar? Conseguiu manter uma certa estrutura de vida (trabalho, amigos, família) ou já perdeu quase tudo? O alcoolista acorda tremendo e suando ou já começa a ter alucinações? A pessoa quer se tratar ou não? Essas e outras situações devem ser avaliadas para melhor aproveitamento dos recursos existentes.

O mito:

A internação é o único tratamento eficaz para o alcoolismo.

A verdade

Existem várias possibilidades de tratamento para a dependência de álcool, a internação é apenas uma das opções, nem melhor nem pior que as outras. Além da internação (ou até concomitantemente a ela), as outras possibilidades de tratamento são as de enfoque farmacológico, de terapia ambulatorial e os grupos de autoajuda. O encaminhamento para um determinado tipo de tratamento deve ser bem analisado, pois a eficácia das opções vai variar de acordo com a adequação do paciente ao tratamento escolhido. Assim, uma internação prolongada, por exemplo, pode ser de muita ajuda para um indivíduo (que consegue interromper seu consumo e repensar suas escolhas de vida) e resultar extremamente maléfica para outro (que não obtém resultados positivos e se sente estigmatizado e incapaz).

As internações, que podem ser de curto ou longo prazo, visam, de maneira geral, dar oportunidade para os mais debilitados se recomporem e ficarem momentaneamente afastados do ambiente de consumo de bebidas alcoólicas. Elas podem ser realizadas em hospitais e clínicas particulares ou públicos que tratem especificamente de dependência, ou que atendam também pacientes com problemas psiquiátricos. Geralmente, os locais que possuem trabalhos específicos para dependentes de álcool estão mais bem aparelhados para auxiliar o alcoolista.

As internações de curto prazo variam de uma semana a quinze dias, em média, e são utilizadas, de maneira geral, para o tratamento da síndrome de abstinência do álcool. É importante destacar que, mesmo para o indivíduo que já apresenta vários sintomas da síndrome de abstinência (suores, tremores, vômitos, agitação, mal-estar geral e, eventualmente, alucinações, depois de algumas horas sem beber), a internação não é necessariamente a única ou a melhor opção. De fato, excetuando-se os casos mais graves (dependentes com sintomas muito severos, passíveis de convulsões ou *delirium tremens*; indivíduos sem nenhum suporte social ou com muitas complicações médicas associadas), os outros poderão ser tratados em ambulatório.

As internações prolongadas podem durar muitos meses (de um a nove meses, em geral) e são indicadas para os indivíduos que chegam a representar um perigo para si ou para os outros. A pessoa pode, por exemplo, estar sendo violenta com os outros quando bebe ou pode estar consumindo álcool de maneira completamente descontrolada, com risco de vida. A seguir, o relato de um caso em que a internação foi necessária:

J., 45 anos, bebia há 30 anos, 20 dos quais pesadamente. Apesar da longa história de uso, havia passado por apenas um tratamento ambulatorial antes de vir ao nosso serviço (também ambulatorial). Ele era separado, morava com a mãe e tinha 2 filhos, que via raramente. Teve inicialmente uma boa evolução no nosso tratamento; não faltava às sessões e, em 3 semanas, estava abstinente, apesar de ter estado bebendo quase uma garrafa de destilado por dia antes de iniciar o tratamento. Depois de cerca de 5 meses no nosso serviço, começou a faltar eventualmente e recomeçou a beber gradativamente. Isso aconteceu logo após sua mãe ter morrido. Várias tentativas de "segurar" a recaída foram feitas, entre elas convocar o irmão (ao qual J. era muito ligado) para uma sessão conjunta. No entanto, após cerca de 3 semanas, J. praticamente não aparecia mais ao trabalho (o patrão era um amigo bastante próximo de J.), estava bastante deprimido com ideias suicidas, bebia o dia inteiro; aliás, só saía de casa para comprar mais bebida. Essa situação nos foi trazida por seu irmão, pois J. não estava comparecendo ao ambulatório. Diante desse quadro, foi sugerida uma internação. J. concordou com a indicação (ele acabou comparecendo ao ambulatório para receber o encaminhamento). A primeira internação durou cerca de 15 dias e só foi eficaz para tratar um pouco dos aspectos físicos – após outras 2 semanas J. foi internado por mais 2 meses. Saiu bem depois dessa segunda internação, abstinente, voltou ao emprego e a ter algumas atividades de lazer. Ficou mais 4 meses em nosso ambulatório e teve alta. Após um ano, fizemos uma nova entrevista e ele estava bem e sem beber.

Como medida geral, a internação deve ser pensada depois de outras medidas menos intensivas terem sido experimentadas. Faz-se essa recomendação por várias razões. Em primeiro lugar, na internação o indivíduo será afastado de seu ambiente, situação que tem seu lado benéfico (o dependente de álcool fica longe dos bares, dos "colegas de copo") mas que não representa a realidade das pressões que a pessoa vai sofrer fora do hospital. O alcoolista terá de aprender a conviver com um bar em cada esquina, com o supermercado cheio de bebidas alcoólicas, com as festas regadas a cervejas, com as dificuldades e alegrias do trabalho, dos relacionamentos, tudo isso sem beber; enfim, terá de enfrentar sua vida normal, fora do ambiente de internação. Em segundo lugar, por seu caráter "radical" de afastamento do indivíduo, a internação é muitas vezes idealizada como o último recurso – "se isso não der certo, nada mais dará". Assim, no momento em que o indivíduo sai da internação e volta a beber (o que, infelizmente, acontece com muita frequência), surge, muitas vezes, uma sensação, por parte da família ou mesmo do alcoolista, de que não há mais nada a fazer. Além disso, não se deve esquecer também de que o custo de uma internação é extremamente elevado nas clínicas particulares e que há poucas opções e enormes filas de espera nas instituições públicas. Existe também um custo adicional representado pelo afastamento do trabalho.

Os grupos de autoajuda são um tipo de tratamento bastante popular. O grupo Alcoólicos Anônimos (ou AA), por exemplo, é bastante antigo e foi originalmente formado nos Estados Unidos, no final da época da lei seca. Atualmente, existem grupos AA em muitas partes do mundo, inclusive no Brasil. O trabalho é realizado com grupos de alcoolistas e as reuniões são centralizadas nos depoimentos pessoais sobre o uso do álcool. Um dos principais objetivos das reuniões é a abstinência de bebidas alcoólicas por 24 horas (no dia seguinte, reafirma-se esse objetivo, e assim por diante).

O acesso a esses grupos é em geral bastante fácil; existem muitos deles funcionando em escolas, igrejas, associações de bairro, locais de internação etc. Outra enorme vantagem desse trabalho é o fato de ser gratuito. Além disso, o AA dá ao alcoolista a ideia de pertencer a um lugar. Não há pré-requisitos para a aceitação de um indivíduo, apenas que ele tenha desejo de parar de beber. O AA tem uma filosofia, uma ideia sobre o alcoolismo bastante clara, que permeia sua atuação. O alcoolismo é visto como uma doença incurável que se caracteriza por uma progressão previsível e inevitável (se não houver abstinência do álcool) dos sintomas. A principal característica do alcoolismo, segundo essa visão, é a "perda de controle" – o alcoolista, assim, deve evitar o primeiro gole (que levaria inevitavelmente a mais e mais goles). Dessa maneira, a abstinência total, e por toda vida, em relação às bebidas alcoólicas é vista como a única solução possível para o alcoolista.

Apesar de suas vantagens, nem todos os alcoolistas se adaptam à estrutura e às premissas do AA. Essa falta de adaptação parece ser mais frequente entre os indivíduos menos comprometidos pelo uso de álcool, aqueles que estão longe do "fundo do poço". Muitos desses indivíduos não se veem abstinentes para toda a vida e muito menos verificam, em suas experiências pessoais, que o primeiro gole já os tenha levado a uma avassaladora recaída, fazendo com que retornassem a seu padrão inicial de uso. Portanto, mesmo considerando que a importância do AA é inegável, seu trabalho deve ser visto como as outras formas de tratamento: dirigido a alguns tipos de alcoolistas, sendo pouco eficaz com outros.

O tratamento farmacológico do alcoolismo é geralmente utilizado em conjunto com outras formas de atuação, como apoio a atendimentos individuais ou grupais em ambulatório. É importante ter em mente que, ao contrário do que às vezes é divulgado, *não existe* uma droga que "cure" o alcoolismo. Existem, sim, alguns medicamentos que *auxiliam* o dependente de álcool tanto na prevenção de recaídas como na diminuição da vontade de beber. No primeiro caso, há um medicamento chamado Dissulfiram (antietanol): quando o paciente que está usando esse remédio consome álcool, enfrenta uma série de reações físicas desagradáveis, como náusea, sensação de mal-estar, vermelhidão na face, aceleração dos batimentos cardíacos etc. É importante salientar que essa medicação só pode ser usada com o consentimento do paciente; do contrário, a pessoa que estiver tomando essa medicação sem saber e beber em grandes quantidades correrá risco de vida. Esse remédio funciona como um breque psicológico, pois o paciente, ao tomá-lo pela manhã, acaba, na prática, tomando a decisão de não beber por cinco a sete dias, que é o período de duração do efeito do medicamento.

Nos últimos anos, começou a ser testada nos EUA uma nova droga, chamada Naltrexone, cujo principal benefício para o alcoolista é o possível efeito de reduzir a vontade de beber. Recentemente, o Food and Drug Administration (FDA) aprovou essa medicação para o tratamento do alcoolismo. Para se ter uma ideia da importância dessa aprovação, a última droga que o FDA aprovou para o tratamento do alcoolismo foi o Dissulfiram, há mais de trinta anos.

Existem outras drogas que podem ser úteis em determinadas condições. Não é incomum, por exemplo, que quem bebe muito fique deprimido, com sensação de desânimo, apático, sem vontade de fazer nada etc. Essas pessoas, muitas vezes, beneficiam-se das medicações antidepressivas, que após 10 ou 12 dias melhoram esses sintomas; o paciente cria, assim, melhores condições para manter a abstinência.

O tratamento terapêutico ambulatorial é aquele ao qual o alcoolista comparece uma ou mais vezes por semana, geralmente para uma sessão de cerca de uma hora de duração. Esse atendimento é realizado em clínicas particulares e hospitais públicos.

No Brasil, o trabalho é geralmente feito em grupo – principalmente nos estabelecimentos públicos – por razões que variam da eficácia à praticidade. A terapia de grupo, pelo fato de possibilitar a partilha de experiências de vida úteis e significativas entre os alcoolistas, pode auxiliar na solução dos problemas comuns dos participantes:

Um tema comum e de interesse geral em um grupo de alcoolistas mulheres é a maneira como elas lidam com a depressão relacionada ao uso de álcool. Quase todas já passaram ou ainda passam por esse tipo de situação. Algumas das participantes já desenvolveram estratégias para lidar com essa dificuldade (participar de cursos, retomar antigas amizades etc.), outras estão começando a enfrentá-la. A troca de experiências e a percepção de que não se trata de um "desequilíbrio" específico de cada uma, mas sim de um problema compartilhado, costuma facilitar a construção de maneiras de lidar com essa questão.

Para o melhor funcionamento da terapia, os terapeutas grupais geralmente estabelecem algumas regras de funcionamento, chamadas de "contrato terapêutico". A intenção é definir, na primeira sessão, os objetivos e a duração do tratamento, horários e locais das sessões, número de faltas aceitas, sigilo no contato externo (as histórias não devem ser comentadas fora dali) e, no caso da maioria dos tratamentos, a necessidade de o indivíduo estar abstinente na sessão.

De novo, é evidente que o trabalho grupal traz também algumas limitações. Por suas próprias características, torna-se mais difícil para o terapeuta oferecer uma atenção individualizada aos pacientes. Alguns alcoolistas – por excesso de timidez, experiências com alguns tipos de problemas graves que necessitam de atenção individual etc. – não se adaptam a esse tipo de tratamento. Nesse caso, procura-se oferecer um atendimento individual, apesar das dificuldades da maioria das instituições públicas em dar conta da demanda.

Os ambulatórios têm oferecido, cada vez com maior frequência, trabalhos dirigidos ao grupo de familiares (que podem ou não incluir o alcoolista no atendimento). A família começou a ser incluída no tratamento porque os profissionais foram se dando conta do importante papel que ela exerce tanto na prevenção quanto no estímulo ao desenvolvimento do alcoolismo. Assim, a inclusão da família nos tratamentos do alcoolismo visa, amplamente, auxiliá-la a se tornar tanto ativa quanto eficiente ao lidar com o membro dependente de álcool, auxiliá-la a se dar conta de seu poder de atuação tanto para ajudar quanto para piorar a situação.

Os objetivos específicos desse trabalho e de seu "formato" variam de local para local. Assim, algumas clínicas se propõem a auxiliar a família através de uma terapia familiar, que pode durar de algumas sessões a mais de um ano. Outras instituições possuem trabalhos de orientação familiar que sugerem e partilham alguns caminhos com o parente interessado em melhorar o relacionamento com o alcoolista ou em estimulá-lo a procurar/aceitar ajuda profissional.

O mito:

A melhor reação da família é o confronto com o alcoolista.

A verdade

As perguntas que um familiar deve se fazer ao refletir sobre a melhor maneira de lidar com um alcoolista incluem *como, quando* e *contra o que* reagir. Assim, o confronto, principalmente através de ameaças, pode ser uma maneira extremamente desastrada de reagir, dependendo das circunstâncias da situação e de outras variáveis, como as características pessoais do alcoolista e do próprio dependente. Muitas esposas ameaçam, há anos, largar o marido se ele não parar de beber. Eles não param, elas não os abandonam e eles acabam aprendendo que não precisam levar muito a sério o que as esposas dizem. Ameaças e confrontos diretos só devem ser utilizados se outras atitudes menos drásticas já foram tomadas sem resultado e se o familiar sente que vai poder fazer o que ameaçou. Ameaças demandam coragem e um cuidadoso planejamento.

Pode parecer estranho, mas a principal atitude que se deve ter ao lidar com um parente alcoolista é continuar (ou iniciar) mantendo atividades e interesses próprios. É claro que o alcoolista vai precisar receber uma certa dedicação, mas os parentes não devem abrir mão de suas vidas para tomar conta da vida do outro. Seguir o ritmo normal do dia a dia auxilia o familiar a manter-se mais forte e a ajudar o alcoolista de maneira mais efetiva. Além disso, é extremamente importante que o dependente de álcool desenvolva responsabilidade por seus atos; com um familiar se dedicando em tempo integral a ele, essa percepção da própria responsabilidade tende a diminuir.

Uma maneira bastante comum de os familiares (principalmente as esposas) reagirem ao alcoolismo de um parente é tentando protegê-lo das consequências do consumo abusivo das bebidas alcoólicas. Apesar de ser uma reação perfeitamente natural, e mesmo vital em algumas situações específicas (por exemplo, levar o alcoolista ao hospital durante uma crise convulsiva originada pela ingestão de álcool), a médio prazo pode impedir a pessoa de perceber as reais consequências dos seus atos. Ao ser protegido continuamente do desconforto, o alcoolista provavelmente não sentirá necessidade de se responsabilizar por seus atos. Se o indivíduo não se responsabiliza por seus atos, se começa a sentir que a solução para seus problemas está fora dele, é muito provável que não se sinta estimulado a parar de beber. Assim, a família deve se informar e ao alcoolista sobre as consequências do alcoolismo e procurar locais de tratamento, se for o caso, mas **não** inventar desculpas para o patrão dele todas as vezes que se atrasar no emprego porque bebeu demais **nem** esconder de todo mundo o que está acontecendo (isso não quer dizer que todos precisam saber!).

Talvez por não saber lidar com o problema do alcoolismo, talvez pela tolerância exagerada em relação ao uso abusivo de bebidas alcoólicas, algumas famílias demoram muito tempo para se dar conta de que um parente está bebendo demais. Ignorar que algo está errado nesse sentido é uma das reações (ignorar também é uma forma de reagir!) mais impróprias e perigosas que se pode ter. O alcoolista pode ter a impressão de que você não se interessa por ele, nem por seus problemas, que ele não pode contar com você. O familiar, por sua vez, perde uma preciosa chance de identificar e lidar com o problema desde o início, sem esperar que o quadro de alcoolismo fique cada vez mais severo. É importante para o alcoolista saber que há alguém que percebe o que está se passando com ele e quer ajudá-lo, mas que não vai suportar tudo o que ele fizer; ou seja, que há limites para o que se pode e se vai tolerar.

Apesar de não ser possível pensar sempre duas vezes antes de reagir, há momentos mais e menos adequados para lidar com o problema do alcoolismo. De maneira geral, as conversas mais eficazes se dão quando o familiar não está nervoso (ou pelo menos tem um certo controle das emoções) e depois de uma situação de consumo excessivo de bebidas alcoólicas por parte do alcoolista. Normalmente, as pessoas que perdem o controle não são muito levadas a sério. Assim, o familiar tem todo direito de não suportar uma dada situação causada pelo alcoolista e se descontrolar, mas provavelmente não conseguirá muito mais do que um alívio momentâneo e um certo arrependimento posterior (exceções acontecem, evidentemente, até pelo efeito-surpresa de uma reação explosiva). Da mesma maneira, é contraindicado e até eventualmente perigoso resolver conversar sobre o consumo exagerado do alcoolista durante uma situação de excesso. Na melhor das hipóteses, a pessoa prometerá nunca mais beber – e esquecerá tudo o que disse no dia seguinte. É possível ainda que, diante de cobranças, o alcoolista se torne agressivo e violento. Se o contato for feito num momento em que ele estiver abstinente após um uso excessivo, pode considerar mais seus comentários, especialmente se o tom da conversa for razoavelmente controlado, claro e objetivo.

É importante avaliar muito bem em que situações se deve reagir. O desgaste de ambas as partes tende a ser muito grande se o familiar se opuser e reagir prontamente a qualquer episódio de beber ou associado ao beber, como sair com certos amigos ou se reunir em determinado local para jogar boliche, por exemplo. É verdade que o consumo que parece inicialmente moderado pode se transformar em abusivo; ir ao bar com amigos pode se transformar numa pressão para beber, mas colocar-se contrário a todos esses comportamentos pode não ser o procedimento mais indicado. Em geral, é melhor deixar clara a preocupação com um consumo de bebidas alcoólicas prejudicial ao indivíduo, reduzindo a interferência na vida social do alcoolista.

Há uma gama variada de reações que o familiar pode ter em relação ao comportamento de beber do alcoolista. Como vimos, algumas são inadequadas, como fingir que nada está acontecendo, mas a maioria tem eficácia relativa, dependendo das características das pessoas envolvidas no problema, do momento em que se dá a reação etc. De maneira geral, é importante deixar claro que o familiar se importa com o beber abusivo e quer ajudar, mas dentro de certos limites. É importante também que o familiar se informe sobre o alcoolismo e suas consequências, mas não esqueça que cada pessoa vai passar por um desenvolvimento específico da síndrome. Por último, reitero que a proteção oferecida pelo familiar não deve se dar de maneira a fazer com que o alcoolista não perceba as consequências ou se veja como impotente diante das dificuldades e, portanto, sem responsabilidade diante de seu beber abusivo.

O mito:

A recaída significa que o tratamento não deu certo.

A verdade

É extremamente comum que os dependentes de álcool (aliás, de qualquer droga) tenham recaídas depois de ficarem algum tempo sem usá-lo, seja durante um tratamento ou não. De tão frequentes, considera-se que as recaídas fazem parte do quadro do dependente e do próprio tratamento.

Mas, afinal, o que é a recaída? Existem basicamente duas visões a respeito do assunto. Tradicionalmente, a recaída era vista como uma recorrência dos sintomas de uma doença após um período de melhora, ou seja, algo como a volta de uma crise de enxaqueca após algum tempo sem dor. Essa definição corresponde ao modelo de doença da dependência, em que a "recaída" é introduzida como situação oposta à da "cura" esperada, que corresponde à abstinência. Nesse modelo, *qualquer uso* de substância psicotrópica significaria recaída.

A segunda visão, bem mais atual, apresenta a recaída como uma interação de fatores sociais, psicológicos e biológicos. A recaída seria uma reinstalação do comportamento aditivo nos níveis de uso pré-tratamento após um período de abstinência. A recaída é vista como o fim de um *processo*, que se inicia com uma série de eventos que podem (ou não) levar ao retorno dos níveis pré-tratamento. Portanto, o primeiro uso de bebida alcoólica não vai, necessariamente, levar a uma recaída. Mais do que isso, a recaída e o lapso (início da recaída) são vistos como uma possibilidade de aprendizagem. Isso não quer dizer que passa a ser desnecessário evitar recaídas, mas que sua ocorrência, se inevitável, pode ser utilizada a favor do indivíduo.

A recaída está relacionada, basicamente, a dois tipos de situações interligadas. Primeiramente, é reflexo da *ambivalência* do alcoolista entre parar ou não de beber. Essa ambivalência não é resultante de falta de força de vontade ou de fraqueza de caráter, mas das dificuldades em mudar um comportamento arraigado, que traz várias desvantagens, mas também vantagens.

Além disso, a recaída se relaciona a uma série de situações associadas ao uso, denominadas "determinantes de recaída". Assim, um indivíduo pode se dar conta de que suas recaídas geralmente ocorrem após uma situação em que vivencia raiva, frustração, solidão e tensão; outro, por sua vez, volta a beber quando se sente pressionado a isso pelos colegas. Há ainda aqueles que têm recaídas quando bebem para melhorar ainda mais os momentos agradáveis, como as situações românticas; é comum também que o alcoolista recaia para evitar os sintomas da síndrome de abstinência do álcool. Apesar de essas situações de recaída não serem estáticas – um indivíduo pode ter recaídas associadas a várias dessas situações ou a determinantes diferentes em certos momentos de sua vida –, detectá-las pode auxiliar a prevenir a recaída. Assim, o sujeito que recai frequentemente, quando começa a sentir tremores e sudorese decorrentes da abstinência, vai necessitar de um tratamento específico para suportar esse período sem voltar a beber.

Enfim, a recaída não significa necessariamente que o tratamento não deu certo, mas aponta para a necessidade de uma investigação mais aprofundada das situações associadas para prevenir outras situações semelhantes.

RESUMINDO

Tentamos discutir alguns mitos comuns sobre o alcoolismo. É possível que não tenhamos abordado todos os mitos e que ainda reste a você algumas dúvidas sobre o assunto. Saiba, então, que você não está sozinho: o campo do alcoolismo é vasto e as discordâncias em relação a alguns tópicos ainda são frequentes.

Esperamos que este livro tenha ajudado você a refletir sobre os conceitos de uso moderado e uso abusivo (às vezes tão próximos) e sobre as características que definem um dependente de álcool. Além de identificar, gostaríamos de saber que o ajudamos a verificar quais são as suas possibilidades de atuação (muitas e importantes!) como familiar ou pessoa próxima, para prevenir o alcoolismo e ajudar em seu tratamento.

É importante lembrar que o alcoolismo leva anos para se desenvolver e há muito a ser feito antes que seja necessário tomar medidas mais drásticas. Abrir um espaço em casa para conversar sobre o assunto já é um grande passo no caminho da prevenção. Bom papo!

CADASTRE-SE
EM NOSSO SITE,
FIQUE POR DENTRO DAS NOVIDADES
E APROVEITE OS MELHORES DESCONTOS

LIVROS NAS ÁREAS DE:

História | Língua Portuguesa
Educação | Geografia | Comunicação
Relações Internacionais | Ciências Sociais
Formação de professor | Interesse geral

ou
editoracontexto.com.br/newscontexto

Siga a Contexto
nas Redes Sociais:
@editoracontexto